# SUR

# LE PETIT ALMANACH

## DE NOS GRANDS-HOMMES.

A mon Coufin L.O..N.C.H.A.M.P,
dit Comte de R.I.V.A.R.O.L , &
audit fieur Marquis de C.H.A.M.P.-
C.E.N.E.T.Z , fon ami.

*INNOCUIS.*

M ON Coufin, & Monfieur votre
Ami, je vous écris ces lignes pour vous
dire que moi & toute notre famille ,
nous portons tous bien, Dieu-merci ,
& que nous avons reçu le *Petit Almanach de nos Grands-Hommes* , que
vous, mon Coufin, avez eu la bonté
d'envoyer à mon Oncle , Monfieur
votre pere , pour fes Etrennes. Nous
l'avons tous lu, ce petit Almanach.
Il eft affez gentil, par-ci , par-là, &
il nous a procuré un certain plaifir.
Mais ce n'eft pas pour cela que je

A

vous écris ; c'eſt pour vous dire qu'après la lecture , faite en préſence de Monſieur le Baillif , de Monſieur le Curé & de toute nôtre Famille , il s'eſt élevé une eſpèce de diſpute pour converſer.

Monſieur le Baillif a dit à M. votre pere : « Je ſuis ſûr que ce petit Almanach eſt de Monſieur votre fils , & dudit ſieur C.H.A.M.P.C.E.-N.E.T.Z, ſon ami. Voici ce qui m'en convainc. Monſieur votre fils en veut à M. LE B.R.I.G.A.N.T , Avocat , parce que M. LE B.R.I.G.A.N.T l'a forcé de convenir qu'il n'étoit que le fils d'un Aubergiſte de campagne , & Monſieur votre fils l'a mis , à cauſe de cela au rang des *Grands-Hommes* qu'il a cherché à perſiffler , quoique Monſieur LE B.R.I.G.A.N.T ne fût pas Poëte , & que cet Almanach ne fût écrit que contre les Poëtes. Monſieur votre fils en veut à M. P.O.N.S DE V.E.R.D.U.N , parce que c'eſt lui q e M. P.O.N.S DE V.E.R.D.U.N a voulu plaiſanter dans ſa charmante piece de Vers , intitulée : *Les Excuſes*. Monſieur votre fils en veut à M. B.E.A.U.M.I.E.R , parce que M.

B.E.A.U.M.I.E.R l'a démasqué en publie, & lui a donné, dans le Jardin des Tuileries un coup-de-poing dans le ventre, qui l'a renversé, & dont il ne s'est vengé que par ces mots : *vilain traître !* Monsieur votre fils n'a éclaté contre aucun Poëte, homme de qualité, parce qu'il a craint que quelqu'un d'eux ne cherchât à lui ôter son titre de Comte, qu'il veut acquérir par une longue prescription. Monsieur votre fils n'a pris, des Poëtes, que les morceaux les plus foibles. ( Hé , qui est-ce qui produit toujours des chef-d'œuvres ? Et si on le jugeoit lui-même, d'après son Discours sur l'universalité de la Langue Française, qui n'est pas Français ) ! Il n'a pris ces morceaux, que parce qu'il a tendu à se mettre au-dessus des Poëtes , lui très-humble Prosateur, & que parce qu'il a voulu satisfaire son esprit, méchant en diable. Monsieur votre fils en veut à M. G.R.I.M.O.D DE LA R.E.Y.N.I.E-R.E , parce que M. G.R.I.M.O.D DE LA R.E.Y.N.I.E.R.E l'a joué dans un Mémoire qu'il a fait pour M D.U.C.H.O.S.A.L , & qu'il l'a actionné en Justice, ainsi que toute sa société, composée de douze à quinze jeunes gens du caractere de Monsieur votre fils, pour neuf francs qu'ils lui devoient, & qu'ils ont été condamnés à lui payer, avec les dépens, qui ont monté à 91 liv. 1 s. 6 d. Monsieur votre fils en veut à M<sup>e</sup> D.U.C.H.O.S.A.L, parce que, dans toutes ses Satyres, M<sup>e</sup> D.U.C.H.O-S.A.L l'a assez dédaigné pour ne pas le persiffler, & ne pas le maltraiter comme tous les Poëtes de génie, que M<sup>e</sup> D.U.C.H.O.S.A.L a eu l'injustice & la petite indiscrétion de plaisanter, bien ou mal. Or, d'après tout ce que je viens de dire, il n'y a pas de doute que Monsieur votre fils ne soit l'Auteur du petit Almanach de nos Grands-Hommes.

» Je suis sûr que ce petit Almanach est aussi dudit sieur de C.H.A.M.P.C.E.N.E.T.Z., ami de Monsieur votre Fils; parce que ledit sieur de C.H.A.M.P.C.E.N.E.T.Z, ne faisant jamais rien tout seul, & parce qu'il n'a point assez d'esprit, & parce qu'il fait, tout au plus, tourner deux ou trois misérables couplets, comme ceux de fon Noël, qui lui ont valu cette belle correction paternelle, l'a compofé conjoinctement avec Monfieur votre Fils ; parce que Monfieur votre Fils fait, avec ledit fieur de C.H.A.M.P.-C.E.N.E.T.Z., tous fes malins écrits, comme *la Parodie du récit de Théramene*, dont tout Paris les accufe, & comme celle *du Songe d'Athalie* dont tout Paris les accufe encore, & qu'ils ont eu l'audace de mettre fur le compte de l'innocent M. G.R.I.M.O.D DE LA R.E.Y.-N.I.E.R.E (1); parce que ledit fieur de C.H.A.M.P.C.E.N.E.T.Z penfe tout comme Monfieur votre Fils, & que Monfieur votre Fils penfe tout comme ledit fieur de C.H.A.M.P.-

---

(1) Comme ils ont été lâches & coupables quand ils ont publié ces triftes Parodies ! M. de Beaumarchais étoit pourfuivi ; M. Ducret, à qui l'une des Parodies étoit dediées, venoit d'être difgracié ; M. de Buffon fouffroit les plus grandes douleurs caufées par fa goutte ; M. de Genlis étoit dans une profonde trifteffe & M. de la Reyniere étoit en exil. Ils les euffent craints dans d'autres circonftances.

C.E.N.E.T.Z ; parce qu'ils n'ont tous deux qu'une même ame, qu'un même esprit, qu'ils se sont juré foi d'Auteur Satyrique, & qu'en se quittant, ils vont dire mal l'un de l'autre ».

Ainsi finit M. le Baillif, qui fit, par ce discours, répandre abondamment, à Monsieur votre Pere, des larmes de douleur de ce qu'il avoit créé un Fils d'un caractere aussi mé-méchant & aussi maladroit.

Mais moi, voyant ce cher homme si affligé, me dressant en pied & prenant la parole, je lui dis : « Non, mon Oncle, sauf le respect que je dois à M. le Baillif, ne le croyez pas : ce petit Almanach n'est pas de mon Cousin ; il est trop bête pour cela. Si mon Cousin L.O.N.G.-C.H.A.M.P vouloit se mêler d'écrire quelque Satyre, il n'y en auroit pas d'aussi mordante. Gilbert & Boileau, qui servent de grands chevaux de bataille aux Duchosal, aux Clément, aux Palissot ; trois Satyriques de même force, & que ces trois Messieurs citent toujours pour justifier l'utilité de leur Art; Gilbert & Boileau n'auroient rien écrit qui fit trembler davantage tous les Auteurs : il n'y a perfonne d'auffi méchant que mon Coufin.

Mais qu'y a-t-il, dans ce petit Almanach, qui doive tant fe faire récrier ? quelques calembourgs, quelques pitoyables jeux de mots, quelques éclats de rire fur des noms qui paroiffent bifarres aux Auteurs, des répétitions de mêmes plaifanteries fur les naiffances de tels & tels Poëtes & fur leur genre de talens, des fragmens tronqués des plus foibles productions des Poëtes, des exclamations niaifes fur les fragmens, prefque toujours les mêmes manieres de critiques, une gaieté forcée & grimaçante : voilà tout.

Si j'avois été de mon Coufin, ou dudit fieur de C.H.A.M.P.C.E.-N.E.T.Z, j'aurois cherché à être placé dans le petit Almanach, pour ajouter encore à ma gloire, fi ce n'étoit que ce petit Almanach n'eft pas très-ingénieux ; je croirois, ainfi que M. le Baillif, qu'il eft de mon Coufin & dudit fieur de C.H.A.M.P.C.E.-N.E.T.Z, précifément parce que ni l'un ni l'autre n'y font nommés ; ils y font loués hardiment tous les deux, fur-tout ledit Sieur de C.H.A.M.P-C.E.N.E.T.Z, pour fes chanfons, & que l'un & l'autre valent bien au moins le dernier des Poëtes qui y eft plaifanté.

Quand nous eûmes repris le petit Almanach, & que nous l'eûmes relu avec la plus fcrupuleufe attention, on convint que j'avois raifon, & que le petit Almanach, n'étoit pas de vous.

Je vous enverrois bien les juge-mens que nous avons portés fur cha-cun des trois cent un Articles qui compofent le petit Almanach ; mais il faudroit vaincre ma pareffe ; mais il faudroit faire rougir les Auteurs de ce petit Almanach, de leur ftupidité, de leur hardieffe & de leur mala-dreffe ; mais il faudroit faire un Vo-lume de deux cent quarante pages au moins, comme le petit Almanach; & à quoi vous ferviroit-il que je priffe toute cette peine ? Il me fuffit de vous dire que j'ai diffuadé Monfieur votre Pere que vous fuffiez l'Auteur d'une pareille Rapfodie, que ce bon

Pere a essuyé ses larmes aussi-tôt après mon petit Discours, & qu'il ne vous en aime pas moins aujourd'hui. Que ne vous tient-il dans ses bras, m'a-t-il dit, il vous embrasseroit tendrement pour vous dédommager de la légere inclinaison qu'il a eu à vous croire l'Auteur du petit Almanach.

Il a été également dissuadé qu'il fût dudit sieur de C.H.A.M.P.C.E-N.E.T.Z, votre ami, parce qu'il sait que vous & ledit sieur n'ayant que les mêmes idées, & que lui ne pouvant rien faire sans vous, si ce n'est pas vous qui en êtes l'auteur, ce ne peut pas être ledit sieur de C.H.A.M.P.C.E.N.E.T.Z.

Vous pouvez à présent montrer ma Lettre, pour votre justification, à tous ceux qui vous accuseront, & leur dire que si votre pere, toute votre famille, & jusqu'à Monsieur le Baillif, ne vous en font plus le reproche, personne n'a le droit de vous le faire.

Pour moi, afin que votre innocence éclate mieux, je vais faire imprimer l'Original de cette Lettre, & la publier autant que je le pourrai.

Je suis, mon Cousin, tout à vous,

L.O.N.G.C.H.A.M.P.

Marchand de Vins, au Village de Bagniol.

LA PETITE TROUPE DES ASSOCIÉS, Donneront aujourd'hui, par extraordinaire, sur son grand Théâtre, rue de l'Echelle :

## LES RÉPUTATIONS.

Comédie manquée aux *Français*, & replâtrée, par un Marquis de hasard & un Comte pour rire, Auteurs du Songe d'Athalie. Cette Piece sera suivie de LES DEUX FONT LA PAIRE, OU LE DOUBLE MIDAS. Cet Opéra-comico-parade, de MM. Champcenetz & Rivarol, fera repréfenté au profit de ces Meffieurs.

Les Valets-de-chambre & les Cui-finiers entreront *gratis*, en apportant leurs titres de Parenté.

*Rivarol y fait la Cuifine, & Champ-cenetz l'Appartement.*

---

### Réponfe au Songe d'Athalie.

Etre haï fans fe faire craindre,
Etre puni fans fe faire plaindre,
C'eft un fort fot calcul, Champcenetz, c'eft mépris,
Puifqu'en cherchant la haine on trouve le mépris;
Un jeu de mots groffiers, parodier Racine,
Faire un pamflet fort plat d'une fcène divine,
Publier pour dix fols un infipide écrit,
C'eft décrier la médifance;
C'eft exercer, fans art, un métier fans profit.
Il a bien affez d'impudence,

Mais il n'a pas aſſez d'eſprit.

Il prend, pour en mieux faire accroire,
Des Lettres de cachet pour des titres de gloire;
Il croit qu'être méchant, c'eſt être renommé;
Mais ſi l'on ne ſait plaire, on a tort de médire;
C'eſt peu d'être méchant, ſi l'on ne ſait écrire.
Et c'eſt pour de bons vers qu'il faut être enfermé.

## Aux Grands-Hommes du Petit Almanach.

DU petit Almanach, trop heureuſes victimes,
Vous qui, dans ce Pamflet, vous croyez compromis,
Loin d'en perſécuter les Auteurs anonymes,
Par charité, plaignez de pareils ennemis;
De vos Productions étayant leur outrage,
Ils appaiſent leur faim, calment leur paſſion.
Si vous n'avez pas fait comme eux un bon ouvrage,
Il en réſulte au moins une bonne action.

A PARIS, rue de l'Echelle, au Bonnet de
Moïſe. 1788.